Herzblatt

# Das Kochbuch

Frank Buchholz präsentiert

Herzblatt

# Das Kochbuch

FALKEN

# Inhalt

# Essen,
## die Erotik des Alltags

Auch wenn es noch so viele Ratgeber in Form von geschriebenen „Gebrauchsanweisungen“ oder menschlich gut gemeinten Empfehlungen gibt: Ich bin der Überzeugung, es gibt weder für Sympathie, Freundschaft und schon gar nicht für Liebe ein Rezept!
Vielmehr denke ich, je unverkrampfter du die ganze Sache angehst, um so größer sind zumindest die Chancen auf einen wirklich schönen Abend.

Vor dem ersten Date zu Hause beim Essen haben die meisten sicher schon einige unverfängliche Treffs gehabt oder lange Telefonate geführt. Schön, wenn du jetzt mit Herzklopfen und Aufregung dieser „Premiere“ entgegensiehst und hierfür alles liebevoll arrangierst. Beginne diesen Abend also völlig entspannt, sorge für eine nette Dekoration, für Kerzenlicht usw. – aber übertreibe es nicht! Räume nicht über das normale Maß die Wohnung auf oder verschwende deine Zeit nicht für Dinge, die du im normalen Alltagsleben nicht genauso praktizierst. Weil so möglicherweise eine (ungewollt) sterile Atmosphäre entsteht, oder weil der andere es sowieso nicht merken wird, wenn irgendwo ein Staubkörnchen in der Ecke liegt. Oder meinst du, er ist nicht minder aufgeregt als du?

### Mein Rat: Mach es dir nicht unnötig schwer

Und das meine ich gleich in zweierlei Hinsicht: Zum einen bei der Zubereitung des Essens, zum anderen bei der Auswahl der Zutaten, die du verarbeiten willst. Daher habe ich bewusst leichte Rezepte ausgesucht. „Leicht“ in der Zubereitung und „leicht“ für den Magen. Denn dieses bekannte Sprichwort findet auch in anderen Situationen seinen Wahrheitskern und müsste dann lauten: „Voller Magen liebt nicht gern.“

## Genuss stellt Verbindungen her

Ob bei der gemeinsamen Zubereitung oder auch bei einer zwanglosen Plauderei bei Tisch. Für den anderen gekocht zu haben zeigt doch: Ich möchte dir eine Freude machen, dich kulinarisch verwöhnen. Wer wird auf diese Weise nicht gerne verwöhnt? Daher ist Essen für mich die Erotik des Alltags. Fast wie von selbst versteht es sich, dass bei meinen Rezepten und Zutaten auch so genannte „aphrodisierende" Lebensmittel eine tragende Rolle spielen. Also, was soll jetzt noch schief gehen?

## Der erste Jahrestag ist erreicht

Klar, das muss gefeiert werden! Natürlich ist es absolut wichtig, dem Partner auch im gemeinsamen Alltag immer wieder zu zeigen, dass es schön ist, dass es ihn gibt. Aber mal ehrlich, so oft kehrt man alle gut angedachten Vorsätze unter den Teppich, weil man einfach zu wenig Zeit hat. Oder weil mal wieder etwas anderes dazwischenkommt. Schade eigentlich. Aber wir alle wissen ja: Das ist unsere Realität. Um so wichtiger sind die kleinen Ausbrüche aus dem Alltag. Die 3-Gänge-Menüs sind eine kleine Inspiration für eure gemeinsamen „Ehren- oder Jahrestage". Du kennst deinen Partner inzwischen so gut, dass du Vorlieben und Schwächen entsprechend berücksichtigen kannst. Was ich persönlich aber genauso gut und wichtig finde: Mach dir doch einfach „mal so" und zwischendurch die Mühe eines besonderen Menüs. Denn: Auch die Liebe will gepflegt werden!

In diesem Sinne

kochend-herzliche Grüße

Dein Frank Buchholz

Was uns die Sterne über die kulinarischen und andere Vorlieben sagen können …

# Kulinarischer Typtest

Damit der Abend zu zweit auch garantiert erfolgreich wird, solltest du möglichst viel über die Vorlieben, den Geschmack und den Stil deines Herzblatts wissen. Wenn ihr euch noch nicht so lange kennt, ist das ein echtes Problem. Zum Glück gibt es die Sterne und die Sternzeichen bzw. Tierkreiszeichen. In diesem Kapitel sind die wichtigsten Informationen zu jedem Sternzeichen aufgeführt. Wenn du also das Geburtsdatum deines Herzblatts kennst, kannst du einfach hier nachschauen und hast gleich wichtige Hinweise, die dir bei der Vorbereitung des großen Ereignisses helfen. Aber auch für schon aneinander festgewachsene Herzblätter sind diese Seiten interessant. Schließlich hat jeder Mensch Geheimnisse und wer lüftet nicht gerne Geheimnisse?

# Steinbock

**Kühler Spätzünder**

(22. Dezember – 19. Januar)

Seine Tugenden sind Kontinuität, Strebsamkeit und Souveränität. Er braucht Zeit, um warm zu werden. Der Steinbock hat keine Zeit für Liebeleien. Alles hat für ihn einen Sinn und Nutzen.
Das erste Rendezvous sollte man nicht überstürzen. Er hat einen Sinn für Qualität, ist sehr konservativ und Selbstsicherheit imponiert ihm. Wenn man ihn dann endlich so weit hat, weiß er ein gemeinsames, duftendes Bad zu schätzen!

***Kulinarischer Tipp:***

*Rote-Bete-Salat (S. 80)*
*Schweinefilet mit Zucchini (S. 82)*
*Gefüllte Kartoffeln (S. 104)*
*Gefüllte Lammkeule (S. 106)*
*Quark mit Nüssen (S. 108)*

# Wassermann

**Unabhängiger Paradiesvogel**

(20. Januar – 19. Februar)

Der Wassermann liebt die Abwechslung, das Exotische und Unkonventionelle. Er ist allem Neuen gegenüber aufgeschlossen und will möglichst viele Facetten des Lebens kennen lernen. Der Wassermann liebt das Entdecken von Neuland.
Das erste Rendezvous darf ruhig etwas chaotisch und unkonventionell sein. Mit einem exotischen Essen ist er leicht zu ködern.
Er reagiert garantiert auf das Wort „Aphrodisiaka"!

***Kulinarischer Tipp:***

*Blumenkohlcurry (S. 48)*
*Bananen-Schinken-Mützen (S. 98)*
*Fisch-Papilotte (S. 100)*
*Obstsalat (S. 102)*

# Fische

**Sanfter Träumer**

(20. Februar – 20. März)

Der Fisch ist häufig künstlerisch und sinnlich veranlagt. Er ist sehr fantasievoll, feinfühlig und zärtlich.
Er braucht viel Zeit, um sich auf jemanden einzulassen.
Ein Fisch reagiert vor allem auf eine romantische Stimmung, ist jedoch eher passiv und lässt sich gerne mit optischen Reizen locken.
Nach einer Fußmassage ist er zu allem bereit!

***Kulinarischer Tipp:***

*Asiatische Gemüsepäckchen (S. 44)*
*Gelbe Paprikasuppe (S. 76)*
*Würziges Lammragout (S. 78)*

# Widder

**Feuriges Temperament**

(21. März – 20. April)

Der Widder liebt die stürmische Art, alles Aufregende und Spontane. Er redet nicht um den heißen Brei herum, sondern weiß, was er will und kommt schnell zur Sache.
Ein Rendezvous sollte viele Möglichkeiten offen lassen, damit ganz spontanen Impulsen nachgegeben werden kann. Eine leichte Massage des Hinterkopfes zwischen den Gängen bringt ihn in Fahrt!

***Kulinarischer Tipp:***

*Scampi auf Wildreis (S. 30)*
*Dorade mit Mango-Chutney (S. 68)*
*Feurige Melonenspieße (S. 70)*

## Stier

**Sinnlicher Genießer**

(21. April – 20. Mai)

Der Stier genießt, langsam und gemütlich. Er ist sehr konservativ und bodenständig, mag alles Natürliche und Schöne, ist unkompliziert und gemütlich.
Ein Rendezvous mit einem Stier sollte zu Hause in behaglicher Atmosphäre stattfinden. Er schätzt eine langsame Annäherung bei gutem Essen und klassischer Musik.
Streicheleinheiten an Hals und Nacken lassen den Stier wachsweich werden!

***Kulinarischer Tipp:***

*Hühnerleber mit Zwiebeln (S. 40)*
*Warmer Spargel-Rucola-Salat (S. 64)*
*Himbeeren in Gelee (S. 66)*
*Gefüllte Kartoffeln (S. 104)*
*Gefüllte Lammkeule (S. 106)*
*Quark mit Nüssen (S. 108)*

## Zwilling

**Flatterhafter Schmetterling**

(21. Mai – 21. Juni)

Der Zwilling liebt die Abwechslung, Spannung und Unruhe. Er braucht seinen Freiraum, ist neugierig und verspielt. Er flirtet für sein Leben gern, lässt sich alle Möglichkeiten offen und verspricht nichts.
Der Zwilling mag alles Neue. Um ihn zu erobern, muss man ihm schon etwas Ungewöhnliches bieten. Fingerfood kommt bei ihm immer gut an, denn die Fingerspitzen sind bei ihm erogene Zonen!

***Kulinarischer Tipp:***

*Asiatische Gemüsepäckchen (S. 44)*
*Würziges Lammragout (S. 78)*
*Bananen-Schinken-Mützen (S. 98)*
*Fisch-Papilotte (S. 100)*
*Obstsalat (S. 102)*

## Krebs

**Zurückhaltender Romantiker**

(22. Juni – 22. Juli)

Der Krebs ist ein großer Romantiker. Er hat ein großes Bedürfnis nach Liebe, Zärtlichkeit, Vertrauen und Sicherheit. Er steht auf Liebesschwüre in Vollmondnächten, sucht Geborgenheit und ist ein echter Familienmensch.
Mit einem gepflegt-romantischen Ambiente, bei Kerzenlicht, Prosecco und gedämpfter Musik, kann man beim Krebs nichts falsch machen. Jede kleine Berührung lässt seine Zurückhaltung schwinden!

***Kulinarischer Tipp:***

*Lachsragout mit Zwiebeln (S. 50)*
*Rote-Bete-Salat (S. 80)*
*Schweinefilet mit Zucchini (S. 82)*

## Löwe

**Großzügiger Star**

(23. Juli – 22. August)

Der Löwe mag es schicksalhaft, dramatisch, romantisch und einmalig. Er liebt große Inszenierungen, luxuriöse Dinge, sich selbst und sein Spiegelbild.
Ein Rendezvous mit einem Löwen sollte verschwenderisch, exklusiv und einmalig wirken. Bei Komplimenten und der Berührung seiner Unterlippe wird er schwach!

***Kulinarischer Tipp:***

*Artischocke mit Vinaigrette (S. 92)*
*Gefüllte Calamares (S. 94)*
*Schokofrüchte (S. 96)*

## Jungfrau

**Zuverlässige Gefährtin**

(23. August – 22. September)

Die Jungfrau liebt es gepflegt, vornehm und intelligent. Sie ist sehr praktisch und reinlich veranlagt. Die Jungfrau braucht geordnete Verhältnisse und mag stilvolles Ambiente. Für das erste Rendezvous ist die alte Schule gefragt. Intelligente Gespräche in unverfänglicher Atmosphäre sind genau richtig. Plumpe Annäherungsversuche oder schrille Farben mag sie nicht. Eine Jungfrau aus der Reserve zu locken ist nicht leicht. Sie braucht viele Inspirationen!

***Kulinarischer Tipp:***

*Spargel-Kaviar-Röllchen (S. 32)*
*Pizza mit Lachs (S. 42)*
*Mozzarella Caprese (S. 56)*
*Saltimbocca alla romana (S. 58)*

## Waage

**Elegante Ästhetin**

(23. September – 22. Oktober)

Für die Waage sind Luxus, Harmonie und Schönheit von großer Bedeutung. Die Waage liebt den Flirt in unverbindlicher Atmosphäre.
Mit einem Hauch von Luxus, Champagner, gedämpftem Licht und anregenden Parfüms wird sich die Waage entspannen. Gute Umgangsformen schätzt sie sehr.
Mit optischen Signalen lässt sie sich leicht verführen!

***Kulinarischer Tipp:***

*Scampi auf Wildreis (S. 30)*
*Artischocke mit Vinaigrette (S. 92)*
*Gefüllte Calamares (S. 94)*
*Schokofrüchte (S. 96)*

## Skorpion

**Mystischer Liebhaber**

(23. Oktober – 21. November)

Der Skorpion will alles ergründen, verlässt sich auf seinen Instinkt und auf seinen ersten Eindruck. Liebe auf den ersten Blick ist bei ihm keine Seltenheit. Der Skorpion ist stark, kühl, eigenwillig und beherrscht. Ihn reizt das Verbotene.
Die Musik von „Carmen" ist sicher eine gute Wahl. Er liebt eine spannende und knisternde Atmosphäre.
Der Skorpion schätzt aktive Partner!

***Kulinarischer Tipp:***

*Spaghetti arrabiata (S. 38)*
*Bananen-Schinken-Mützen (S. 98)*
*Fisch-Papilotte (S. 100)*
*Obstsalat (S. 102)*

## Schütze

**Sportlicher Abenteurer**

(22. November – 21. Dezember)

Den Schützen treibt es in die Ferne.
Er ist ein guter Kumpel und für jeden Spaß zu haben. Er sucht stürmische Liebhaber, denen Konventionen egal sind.
Das erste Rendezvous muss etwas Besonderes sein. Abenteuer, Spannung und internationales Flair ziehen ihn magisch an.
Als temperamentvoller Mensch hat man sicher gute Karten!

***Kulinarischer Tipp:***

*Tomaten-Mozzarella-Crostini (S. 72)*
*Geflügelleber mit Balsamicokirschen (S. 74)*

# Casanova
## über die Schulter geschaut

Eine Einladung zu einem Essen bei dir zu Hause ist schon persönlicher als ein Treffen in einem Café oder Kino. Damit der Abend dann auch zu einem richtigen Ereignis wird, bedarf es natürlich einiger Vorbereitungen. Casanova, als großer Spezialist in diesen Dingen, hat hier einige Tipps und Tricks verraten.

**Regel No. 1** lautet: Bloß keine Hektik aufkommen lassen. Hektik und Stress sind die größten Feinde jeder Leidenschaft. Also halte dir den Abend absolut frei und plane schon für die Vorbereitungen genügend Zeit ein. Während des Kochens in Hektik zu verfallen, kann nicht gut enden. Für den Fall der Fälle kaufe lieber etwas mehr ein.

**Regel No. 2:** Zusammen kochen ist auch eine gute Gelegenheit sich näher zu kommen. Beim gemeinsamen Braten und Abschmecken herrscht immer eine lockere und entspannte Atmosphäre und man kann dem anderen ganz unauffällig über die Schulter schauen.

**Regel No. 3:** Lote im Vorfeld aus, welche Musik dein Herzblatt am liebsten hört. Eine angenehm vertraute Komponente macht viel aus. Verliebt sein ist schon aufregend genug.

**Regel No. 4:** Achte auf ein behagliches Ambiente. Das Raumklima sollte stimmen und die Beleuchtung nicht zu hell sein. Dazu gehören auch Kerzenlicht, ein schön gedeckter Tisch mit frischen Blumen und schöne Servietten. Vielleicht erkundigst du dich, wie man einen Tisch richtig deckt, mit allem Drumherum und so.

**Regel No. 5:** Bleibe wie du bist. Sei nicht verkrampft witzig oder gezwungen locker. Versuche zu entspannen. Und bist du trotzdem total aufgeregt, dann stehe dazu. Schließlich bist du verliebt.

**Regel No. 6:** Gute Manieren sind auch heute noch gefragter als man glaubt. Dem Gast aus den Mantel zu helfen oder an den Tisch zu geleiten, das hat schon was. Solche Kleinigkeiten sind nicht nur eine Form von Höflichkeit. Sie bieten auch jede Menge Möglichkeiten, zu kleinen, flüchtigen Blicken oder Berührungen. So kann man sich dem anderen ganz legal nähern.

**Regel No. 7** ist speziell für Männer: Nach der alten Schule darf der Herr sich erst dann der Dame nähern, wenn die Dame den ersten Körperkontakt hergestellt hat. Die Überrumpelungstaktik kann zwar manchmal erfolgreich sein, aber normalerweise gilt: Nur nichts übers Knie brechen.

**Regel No. 8** ist der letzte und raffinierteste Tipp: „Vergesse" irgendetwas in der Wohnung deines Herzblatts, das deinen Geruch trägt. Denn der Spruch: „Die können sich gut riechen", kommt nicht von ungefähr. Düfte gehen direkt in den Teil des Gehirns, in dem u. a. die Instinkte, Gefühle, Sexualität und Erinnerung lokalisiert sind. Und unser Schweiß, aber auch viele Düfte (z. B. Moschus, Zibet, Sandelholz und Rose), sind Träger sexueller Lockstoffe (Pheromone). So kann sich dein Herzblatt durch deinen Duft heimlich nach dir verzehren. Gleichzeitig bietest du ihr oder ihm den nächsten Grund, dich zu besuchen und dir das „verlorene" Stück wiederzubringen.

Du bist nun prima auf den Abend vorbereitet. Fehlt jetzt noch das Essen. Auf den folgenden Seiten findest du Rezepte, die garantiert gut ankommen und leicht nachzumachen sind.
Also, viel Spaß und viel Erfolg!

Schön, dass
es dich gibt:

# Coole Aperitifs

Anregendes für
einen gelungenen
Einstieg.

Bei einem netten Aperitif beginnt schnell ein ungezwungenes Gespräch. Für den Anfang genau richtig!

# So, liebe Kandidatin/ lieber Kandidat, womit möchtest du nun dein Herzblatt in Stimmung bringen...

**... mit Drink No. 1,**
der exotisch-sauren Blue Margarita, die euch nicht nur das Wasser im Mund zusammenlaufen lässt, sondern auch an Sommer, Sonne, Sand und Meer erinnert?

**... mit Drink No. 2,**
dem coolen Caipirinha, der euch bestimmt nicht erstarren lässt, sondern eure Körper in Wallung bringt?

**... mit Drink No. 3,**
dem prickelnden Rossini, der fruchtig-frisch die Sinne schärft und spätestens dann die Augen funkeln lässt?

**... mit Drink No. 4,**
dem erfrischenden Bellini, der so leicht ist, dass er euch beflügelt und in den siebten Herzblatt-Himmel entführt?

**... mit Drink No. 5,**
dem würzigen Knock Out, der euch einen unvergessenen Abend beschert und garantiert hält was er verspricht?

# Aphrodisische Tipps

Deinen Gast mit einem Begrüßungsdrink zu empfangen hat so allerlei Vorteile. Etwas unsichere Gemüter können sich so beispielsweise am Getränk in der Hand festhalten – das gibt ihnen Sicherheit. Und solltest du doch noch etwas für das Essen in der Küche vorbereiten müssen, ist dein Herzblatt angenehm beschäftigt und kann sich währenddessen schon einmal in deiner Wohnung umschauen…(!) Und mit einem gezielten Trinkspruch lässt sich gut ein erstes Zeichen setzen oder das erste Kompliment machen.

Damit du weißt, mit welcher Wirkung du bei diesen Aperitifs rechnen musst, hier wichtige Tipps:

In Maßen genossen wirkt **Alkohol** anregend und stimulierend. Ein Glas zu viel bewirkt jedoch das genaue Gegenteil. Geeignete Getränke für einen gelungenen Abend sind:

**Aperitifs bzw. Digestifs:** Hochprozentiges wird hier vor allem mit viel Eis gemischt. Das erfrischt und relativiert den Alkoholgehalt. Um einen Abend zu beginnen oder eine längere Zeit zu überbrücken ist ein Glas daher genau die richtige Dosis. Und die Namen regen zusäzlich die Fantasie an.

**Wein** regt den Blutkreislauf an und entspannt. Aber vorsicht: zu viel wirkt eher einschläfernd. Rotwein ist besser geeignet als Weißwein. Schließlich ist Rot die Farbe der Liebe.

Die prickelnde Frische von **Champagner** ist geradezu ideal. Er ist leicht und hat kein Bukett. Die preiswerteren Varianten sind **Prosecco** und **Sekt.** Champagner, Prosecco und Sekt gehen schnell ins Blut, regen den Kreislauf an und machen wach. Die so genannte Sektlaune stellt sich schon bald ein.

Tipp: Sicher, Alkohol baut Hemmschwellen ab. Aber: Ein Gläschen sollte reichen!

## Exotisch:

# Tequila

### Drink No. 1

Dekorativ • Dauer: ca. 5 Min.

**Blue Margarita**

- 1 Zitronenachtel · 1 Teller mit etwas Salz
- 6 cl Tequila · 3 cl Curaçao blue · 3 cl frisch gepresster Limettensaft · 10–12 Eiswürfel

**1.** Die Ränder von 2 Cocktailgläsern mit dem Saft des Zitronenachtels befeuchten und im Salz drehen.
**2.** Die restlichen Zutaten mit den Eiswürfeln in den Shaker geben, schütteln und durch das Barsieb in die Gläser seihen.

Tipp: Die Säure der Limonen regt den Geist und den Magen an.

# Anregend: Cachaça

## Drink No. 2

Trendy • Dauer: ca. 5 Min.

| Caipirinha | |
|---|---|
| ■ 2 Limetten · 4 TL fein gemahlener Rohrzucker · 6 EL zerstoßenes Eis · 8 cl Cachaça | **1.** Die Limetten in kleine Stücke schneiden. Je 1 Limette zusammen mit 2 TL Zucker in den Tumbler geben. Beides mit einem Stößel gut zerdrücken.<br>**2.** Jeweils 3 EL zerstoßenes Eis und 4 cl Cachaça hinzufügen, umrühren. Mit kurzen Trinkhalmen servieren. |

Tipp: Trockener Sekt eignet sich hierfür ebenso gut. Wer das Besondere liebt verwendet Champagner.

# Erfrischend: Prosecco

## Drink No. 3

| Fruchtig • Dauer: ca. 5 Min. | Bellini | |
|---|---|---|
| | ■ Eis zum Vorkühlen der Champagnerkelche<br><br>■ 10 cl eiskaltes Püree von geschälten, weißen Pfirsichen · 20 cl gut gekühlter Prosecco | **1.** Zunächst 2 Champagnerkelche mit Eis vorkühlen. Die Eiswürfel dann wieder aus den Gläsern entfernen.<br>**2.** Je 5 cl Pfirsichpüree und 10 cl Prosecco in einen Champagnerkelch geben, kurz umrühren und die Drinks sofort servieren. |

## Drink No. 4

| Leicht • Dauer: ca. 5 Min. | Rossini | |
|---|---|---|
| | ■ Eis zum Vorkühlen der Champagnerkelche<br><br>■ 10 cl eiskaltes Erdbeerpüree · 20 cl gut gekühlter Prosecco | **1.** Zunächst 2 Champagnerkelche mit Eis vorkühlen. Die Eiswürfel dann wieder aus den Gläsern entfernen.<br>**2.** Je 5 cl Erdbeerpüree und 10 cl Prosecco in einen Champagnerkelch geben, kurz umrühren und die Aperitifs sofort servieren. |

Tipp: Ein paar Knabbereien zum Getränk verhindern, dass der Name dieses Getränks zu neuen Ehren gelangt.

# Würzig: Pernod

## Drink No. 5

Delikat • Dauer: ca. 5 Min.

### Knock Out

- 4 cl Gin ·
- 4 cl Vermouth dry ·
- 4 cl Pernod ·
- 2 TL Crème de Menthe weiß ·
- 10 Eiswürfel ·
- 2 Pfefferminzzweige

**1.** Alle Zutaten im Shaker zusammen mit den Eiswürfeln schütteln und durch das Barsieb in 2 gekühlte Cocktailgläser seihen.

**2.** Die Pfefferminzzweige mit kaltem Wasser waschen und in die Gläser geben.

Liebe auf den ersten Biss:

# Kleine Köstlichkeiten

## Kulinarisches für das erste Date.

Mit diesen kleinen unverfänglichen Gerichten kann nichts schief gehen. Also kein Grund nervös zu werden.

Herzblatt

# So, liebe Kandidatin/ lieber Kandidat, womit möchtest du nun dein Herzblatt verzaubern …

**… mit Gericht No. 1,**
den cremig-scharfen Scampi auf Wildreis, die sich so schön zart-rosa auf dem Teller krümmen?

**… mit Gericht No. 2,**
den sündhaften Spargel-Kaviar-Röllchen, die gut verhüllt durch die Hitze erst so richtig zart werden?

**… mit Gericht No. 3,**
den aufregenden Auberginenröllchen, die durch ihre wohlgeformten Rundungen die Fantasie anregen?

**… mit Gericht No. 4,**
dem anregenden Thunfisch mit Kartoffelsalat, das eins auf dem anderen zu einem längeren Verweilen animiert?

**… mit Gericht No. 5,**
den pikant-würzigen Spaghetti arrabbiata, die so schön glitschig sind und alle guten Manieren vergessen lassen?

**… mit Gericht No. 6,**
der Hühnerleber mit Zwiebeln, die durch ihre zurückhaltende Art die Aufmerksamkeit auf das Wesentliche lenkt?

**… mit Gericht No. 7,**
der klassischen Pizza mit Lachs, die sich schon tausendfach bewährt hat und immer wieder von neuem beflügelt?

**… mit Gericht No. 8,**
den appetitlichen asiatischen Gemüsepäckchen, die ihr reizendes Inneres erst auf den zweiten Biss preisgeben?

**… mit Gericht No. 9,**
den sahnigen Tagliatelle mit Putensauce, die sich so kurvenreich über den Teller schlängeln?

**… mit Gericht No. 10,**
dem zart-bunten Blumenkohlcurry, das den Gaumen mit sündhaften Genüssen verwöhnt?

**… mit Gericht No. 11,**
dem locker-leichten Lachsragout mit Zwiebeln, bei dem man gar nicht weiß, an welcher Stelle man anfangen soll?

# Aphrodisische Tipps

Die Gerichte auf den folgenden Seiten helfen dir beim Verführen deines Herzblatts, denn die verwendeten Zutaten haben es in sich:

**Spargel** regt schon allein durch sein phallisches Aussehen an. Spargel ist aber auch leicht und liegt nicht im Magen. Man kann ihn wunderbar mit den Händen essen, was zu zweit noch viel mehr Spaß macht.

**Kaviar,** der Rogen des Störs, ist ein Erste-Klasse-Aphrodisiakum. Man muss sich nur vorstellen, was man gerade isst.

**Tomaten** wurden früher Liebesäpfel oder Paradiesäpfel genannt und waren eine seltene Delikatesse. Besonders beliebt waren sie bei den nicht so sittsamen Damen.

**Pfeffer** genießt seit langem den Ruf, ein wirksames Aphrodisiakum zu sein. Eine besondere Stellung nimmt hier der Rauschpfeffer (Kawa-Kawa) ein. Er ist in Apotheken zu bekommen.

**Chili** ist eines der bekanntesten Aphrodisiaka. Er schärft die Sinne und macht im wahrsten Sinne des Wortes „heiß“.

**Nudeln** machen bekanntlich glücklich. Sie füllen den Magen auf angenehme Weise und der Verzehr von Spaghetti kann zu einem echten Abenteuer werden.

**Knoblauch** wurde schon vor 5000 Jahren in China als ein „anheizendes“ Mittel geschätzt. Wichtig ist jedoch: Knoblauch niemals alleine essen!

Tipp: Scampi sorgen für den Eiweiß-Kick: leichte Kost mit starker Wirkung.

# Gut gebettet: Scampi

## Gericht No. 1

Leicht • Dauer: ca. 45 Min.

### Scampi auf Wildreis

- 250 g Brokkoli · Salz
- 8 Scampi (mit Schale, ohne Kopf) · 1 Knoblauchzehe · 1 EL Zitronensaft · 2 TL Öl
- 100 g Wildreismischung · 1 Zwiebel · ½ TL Currypulver · geriebene Muskatnuss · Zucker · 150 ml Fischfond (Glas)
- 100 g Sahne · 1 EL Senf · weißer Pfeffer
- 3 EL Butter

**1.** Den Brokkoli putzen, waschen, in Röschen teilen und in kochendem Salzwasser etwa 5 Min. garen. Unter kaltem Wasser abschrecken und abtropfen lassen.
**2.** Die Scampi bis auf das Schwanzstück aus der Schale lösen und die Därme entfernen. Am Kopfansatz leicht einschneiden. Den Knoblauch schälen, fein hacken, mit dem Zitronensaft verrühren. Die Scampi damit bestreichen, im Öl von beiden Seiten anbraten und herausnehmen.
**3.** Die Wildreismischung nach Packungsanweisung zubereiten. Inzwischen die Zwiebel schälen, fein hacken und im verbliebenen Fett anbraten. Mit Curry, Salz, Muskat und Zucker würzen. Den Fischfond hinzufügen und aufkochen lassen.
**4.** Die Sahne und den Senf zur Sauce geben und zur gewünschten Konsistenz einkochen lassen. Während den letzten 5 Min. die Scampi in die Sauce geben und gar ziehen lassen. Mit Salz und Pfeffer abschmecken.
**5.** Den Brokkoli in heißer Butter schwenken, mit Salz, Pfeffer und Muskat abschmecken. Den Reis, Brokkoli und die Scampi mit der Sauce auf 2 vorgewärmten Tellern anrichten.

Tipp: Außerhalb der Spargelzeit empfehle ich TK-Spargel. Ebenso kann dieses Gericht als Variante auch mit grünem Spargel zubereitet werden.

# Locker eingewickelt: Spargel

## Gericht No. 2

Exclusiv • Dauer: ca. 45 Min.

### Spargel-Kaviar-Röllchen

- 500 g weißer Spargel · Salz · 1 TL Zucker · 1 EL Butter
- 1 kleine, reife Avocado · 1 EL Zitronensaft · 75 g Sahne · weißer Pfeffer
- 2–4 Blätter Bataviasalat · ¼ Bund Kerbel · 20 g Cornflakes
- 2 Weizenmehl-Tortillas · 25 g roter Forellenkaviar

**1.** Den Spargel schälen, die Enden abschneiden und die Stangen zu einem Bündel binden. 1 l Salzwasser mit Zucker und Butter aufkochen. Den Spargel darin in ca. 12 Min. bissfest garen, herausnehmen und abkühlen lassen.

**2.** Die Avocado längs halbieren und den Kern entfernen. Das Fruchtfleisch mit einem großen Löffel aus der Schale heben, sofort mit dem Zitronensaft mischen und fein pürieren. Die Sahne unter das Püree rühren, mit Salz und Pfeffer würzen.

**3.** Die Salatblätter waschen und trockenschleudern. Den Kerbel waschen und trockentupfen. Einige Blättchen für die Garnitur beiseite legen, den restlichen Kerbel hacken. Die Cornflakes in einem Gefrierbeutel mit der Kuchenrolle grob zerstoßen. Die Spargelstangen in ca. 4 cm lange Stücke schneiden. Den Spargel, Kerbel und die Cornflakes mischen.

**4.** Die Tortillas nach Packungsanweisung erwärmen. Die Salatblätter und den Spargel auf die Tortillas verteilen. Die Avocadocreme darüber geben. Mit der Hälfte des Forellenkaviars bestreuen. Die Tortillas zusammenrollen, auf 2 vorgewärmte Teller legen und mit dem restlichen Kerbel und Kaviar garnieren.

Tipp: Garniere dieses Gericht mit Petersilienzweigen und Achteln von 1 unbehandelten Zitrone.

# Schön rund: Aubergine

## Gericht No. 3

Einfach • Dauer: ca. 35 Min.

### Auberginenröllchen

- 1 kleine Aubergine · 125 g Mozzarella
- ½ Bund Basilikum · 8 dünne Scheiben roher Schinken
- 200 g Pizza-Tomaten (Dose) · 60 g Kräuterbutter

**1.** Die Aubergine putzen, waschen, den Stängelansatz herausschneiden und längs in ca. 8 dünne Scheiben schneiden. Den Mozzarella in 4 Scheiben schneiden.

**2.** Das Basilikum waschen, trockentupfen und die Blättchen abzupfen. Jeweils eine Scheibe Schinken, Mozzarella und ein Basilikumblättchen auf eine Auberginenscheibe legen, aufrollen und mit kleinen Holzspießen feststecken. Den Backofen auf 180 °C vorheizen.

**3.** Die Tomaten mit dem Saft zum Kochen bringen und mit der Hälfte der Kräuterbutter würzen. Die Sauce in eine große, feuerfeste Form geben, die Röllchen in die Sauce setzen und die restliche Kräuterbutter in Flöckchen darauf verteilen. Die Röllchen etwa 12 Min. im unteren Drittel des Ofens backen und mit der Tomatensauce auf 2 vorgewärmten Tellern anrichten.

Tipp: Verwende statt Lauch und Tomaten eine in feine Scheiben geschnittene, in Salzwasser gegarte Fenchelknolle. Kurz in Olivenöl schwenken und mit den anderen Zutaten mischen.

# Leicht gestapelt: Thunfisch

## Gericht No. 4

Unkompliziert • Dauer: ca. 45 Min.

### Thunfisch mit Kartoffelsalat

- 400 g Kartoffeln · Salz · ½ Bund Frühlingszwiebeln · 100 g Kirschtomaten
- 2 EL Olivenöl · 1 TL mittelscharfer Senf · 5 TL Limettensaft · 1 EL Balsamessig · schwarzer Pfeffer · Zucker
- 2 Scheiben Thunfisch (je 150 g) · 1 EL Sonnenblumenöl · Zitronenpfeffer
- Kerbel · Limettenscheiben

**1.** Die Kartoffeln waschen und in Salzwasser etwa 20 Min. in der Schale garen. Das Wasser abgießen, die Kartoffeln pellen und in Scheiben schneiden. In der Zwischenzeit die Frühlingszwiebeln putzen, waschen und in feine Ringe schneiden. Die Tomaten waschen und halbieren.
**2.** Das Olivenöl in einer Pfanne erhitzen. ¾ der Frühlingszwiebeln darin andünsten, den Senf unterrühren und mit 4 EL Limettensaft und dem Essig ablöschen. Mit Salz, Pfeffer und Zucker würzen. Die Kartoffeln, Lauchmarinade und Tomaten vermengen und durchziehen lassen.
**3.** Inzwischen den Fisch unter kaltem Wasser waschen, trockentupfen und mit dem restlichen Limettensaft beträufeln. Das Öl in einer Pfanne erhitzen und den Fisch von jeder Seite 3–4 Min. bei mittlerer Hitze braten. Mit Salz und Zitronenpfeffer würzen.
**4.** Je ein Thunfischfilet mit Kartoffelsalat auf einem vorgewärmten Teller anrichten.
Mit Kerbel und Limettenscheiben verzieren.

Tipp: Nudeln machen glücklich, denn sie enthalten reichlich Serotonin. Genau das Richtige für ein unbelastendes Essen zu zweit.

# Wild umschlungen: Spaghetti

## Gericht No. 5

Italienisch • Dauer: ca. 40 Min.

### Spaghetti arrabbiata

- ½ Zwiebel · 1 Knoblauchzehe · 1 kleine, rote Chilischote · 1 EL Butter
- 200 g geschälte Tomaten (Dose) · Salz · schwarzer Pfeffer
- 250 g Spaghetti · 1 EL Olivenöl · 50 g frisch geriebener Pecorino

**1.** Die Zwiebel und den Knoblauch schälen und fein würfeln. Die Chilischote waschen, trockentupfen, der Länge nach halbieren, entkernen und fein würfeln. Die Butter in einem Topf heiß schäumend erhitzen. Die Zwiebel-, Knoblauch- und Chiliwürfel zur Butter geben und sie unter ständigem Rühren anbraten.

**2.** Die Tomaten abtropfen lassen, etwas zerkleinern und zur Zwiebelmischung geben. Das Ganze gut miteinander verrühren und einmal aufkochen lassen. Die Sauce bei mittlerer Hitze etwa 10 Min. köcheln lassen, salzen und pfeffern.

**3.** Inzwischen die Spaghetti in reichlich kochendem Salzwasser nach Packungsanleitung in etwa 10 Min. bissfest garen. Die Spaghetti in einem Sieb abtropfen lassen und mit dem Öl vermengen. Die Nudeln in einer Schüssel locker mit der Sauce vermengen, auf 2 vorgewärmten Tellern verteilen und mit dem Pecorino bestreuen.

Tipp: du kannst natürlich auch Kalbsleber, Putenleber usw. verwenden. Geflügelfond statt Fischsauce harmoniert zu diesem Gericht ebenso gut.

# Einfach angemacht: Leber

## Gericht No. 6

Herzhaft • Dauer: ca. 20 Min.

### Hühnerleber mit Zwiebeln

- 3 Zwiebeln · 1 Knoblauchzehe
- 1 kleine Frühlingszwiebel · 2 EL Öl
- 250 g Hühnerleber
- 2 EL Fischsauce · 1 EL Reis- oder Weißwein · 1 EL brauner Zucker

**1.** Zwei der Zwiebeln und die Knoblauchzehe schälen. Die Zwiebeln in Ringe und den Knoblauch in Scheibchen schneiden.

**2.** Die Frühlingszwiebel putzen und waschen. Das grüne Ende in 2 cm lange Stücke und das weiße Ende in dünne Ringe schneiden. 1 EL Öl in einer Pfanne erhitzen und die Frühlingszwiebeln darin 1 Min. dünsten. Sie dann aus der Pfanne nehmen.

**3.** Die Hühnerleber putzen, waschen und trockentupfen. Das restliche Öl erhitzen und Zwiebeln und Knoblauch darin einige Min. dünsten. Das Fleisch zu den Zwiebeln geben und die Leber bei mittlerer Hitze 2–3 Min. braten, bis kein roter Saft mehr aus dem Fleisch austritt.

**4.** Das Fleisch mit der Fischsauce, dem Wein und Zucker abschmecken, die Frühlingszwiebeln darauf verteilen und in 2 vorgewärmten Schalen anrichten.

Die zurückgelassene Zwiebel schälen, halbieren, verzieren und dekorativ auf das Gericht setzen.

Tipp: Beim Belag sind keine Grenzen gesetzt; verwende Kochschinken oder Salami als günstigere Variante.

# Heiß geliebt: Lachs

## Gericht No. 7

Kross • Dauer: ca. 50 Min.

### Pizza mit Lachs

- 200 g Mehl · ½ Päckchen Trockenhefe · 1 Prise Zucker · ½ gestrichener TL Salz · 100 ml lauwarmes Wasser · 1 EL Olivenöl
- 180 g Sauce La Provençale (z. B. von ORYZA) · 2 EL Tomatenmark · 75 g Mozzarella · 75 g Crème fraîche · schwarzer Pfeffer · 2 Frühlingszwiebeln
- 100 g Räucherlachs in dünnen Scheiben
- ¼ Bund Dill

**1.** Das Mehl in eine Schüssel sieben, in die Mitte eine Mulde drücken. Die Hefe hineinbröckeln, Zucker und Salz zufügen und mit dem Wasser und Öl zu einem Brei verrühren. Diesen Vorteig mit etwas Mehl bestreuen und zugedeckt 15 Min. an einem warmen Ort gehen lassen.
**2.** Inzwischen die Sauce mit dem Tomatenmark verrühren. Den Mozzarella würfeln. Die Crème fraîche mit Salz und Pfeffer verrühren. Die Frühlingszwiebeln putzen, waschen und in feine Ringe schneiden.
**3.** Den Teig noch einmal gut durchkneten, halbieren und gleichmäßig rund ausrollen. Rundum einen kleinen, höheren Rand formen, der beim Belegen ausgespart wird. Den Backofen auf 230 °C vorheizen.
**4.** Die Pizzen mit der Sauce bestreichen. Den Mozzarella darüber streuen und die Crème fraîche in dicken Klecksen auf die Pizzen verteilen. Mit den Lachsscheiben belegen und die Frühlingszwiebeln darüber streuen.
**5.** Die Pizzen auf mittlerer Schiene im Ofen 10 – 15 Min. backen, auf 2 Holzbretter oder vorgewärmte Teller legen und mit gezupften Dillblättchen bestreut servieren.

Tipp: Erhälst du keine absolut frischen Sprossen, empfehle ich, lieber auf konservierte Sprossen zurückzugreifen.

# Reizvoll verpackt: Gemüse

## Gericht No. 8

Raffiniert • Dauer: ca. 30 Min.

### Asiatische Gemüsepäckchen

- 1 kleine Schalotte · 1 kleine Tomate · 50 g Zuckerschoten · 50 g Sojabohnensprossen
- 1 EL Öl · 1 EL Fischsauce · 2 TL Sojasauce
- ½ Knoblauchzehe · 3 Eier · Salz · schwarzer Pfeffer · 1 EL Öl
- 1–2 Stiele Zitronengras · 2 EL süßsaure Sauce (Glas)

**1.** Die Schalotte schälen und in dünne Ringe schneiden. Die Tomate waschen, den Stielansatz entfernen und würfeln. Die Schoten waschen und evtl. entfädeln. Die Sprossen kurz abspülen und abtropfen lassen.

**2.** Das Öl in einer Pfanne erhitzen. Die Schalotte und Zuckerschoten darin etwa 5 Min. anbraten. Die Tomatenwürfel und Sprossen hinzufügen, mitdünsten. Mit den Saucen würzen und warm halten.

**3.** Den Knoblauch schälen und zerdrücken. Die Eier und den Knoblauch verrühren. Mit Salz und Pfeffer würzen. Das Öl in einer beschichteten Pfanne erhitzen und 2 dünne Omeletts aus der Eiermasse backen.

**4.** Die Omeletts mit dem Gemüse füllen. Dazu jeweils die Hälfte der Gemüsemischung in die Mitte eines Omeletts geben. Die überstehenden Enden übereinander schlagen und zu einem viereckigen Päckchen zusammenlegen.

**5.** Das Zitronengras waschen, evtl. halbieren, in kochendem Wasser kurz blanchieren und die Omeletts damit zusammenbinden. Die Päckchen auf 2 vorgewärmten Tellern anrichten und mit der Sauce servieren.

Tipp: Frisch geriebener Parmesankäse passt zu diesem Gericht besonders gut.

# Machen glücklich: Tagliatelle

## Gericht No. 9

Unkompliziert • Dauer: ca. 30 Min.

### Tagliatelle mit Putensauce

- 3 kleine Zucchini (400 g)
- 1 ½ l Wasser · 3 TL Öl · Salz · 150 g schmale Bandnudeln (Tagliatelle)
- 200 g Putenbrust · weißer Pfeffer · 1 TL getrockneter Thymian
- 300 ml kaltes Wasser · 1 Beutel Zitronen-Butter-Sauce

**1.** Die Zucchini waschen, die Stielansätze entfernen und die Zucchini mit dem Sparschäler der Länge nach vorsichtig in lange, dünne Scheiben schneiden.
**2.** Das Wasser mit 1 TL von dem Öl aufkochen. Die Nudeln und 1 TL Salz zugeben. Im geöffneten Topf nach Packungsanweisung in 8 – 10 Min. bissfest garen. 2 Min. vor Ende der Garzeit die Zucchini zugeben, mitkochen und alles in ein Küchensieb gießen.
**3.** Inzwischen das Fleisch waschen, trockentupfen, in dünne Streifen schneiden, mit Pfeffer, Thymian und 1 TL von dem Öl marinieren. Das Fleisch in einer beschichteten Pfanne mit dem restlichen Öl bei mittlerer Hitze anbraten, anschließend salzen.
**4.** Das Fleisch an den Rand der Pfanne schieben und das kalte Wasser zugießen. Die Zitronen-Butter-Sauce einrühren, mit dem Fleisch mischen, unter Rühren aufkochen und 1 Min. garen.
**5.** Die Tagliatelle und Zucchini untermischen, auf 2 vorgewärmten Tellern anrichten und sofort servieren.

Tipp: Wer keine Sultaninen mag, röstet Mandeln ohne Fett in einer Pfanne und streut diese zum Schluss auf das Blumenkohlcurry.

# Zartes Gemüse: Blumenkohl

## Gericht No. 10

Asiatisch • Dauer: ca. 30 Min.

### Blumenkohlcurry

- 400 g Blumenkohl (½ Kopf) · 200 g Möhren · 200 g Brokkoli · 100 g Ananas (Dose) · 1 Chilischote · 1 Zwiebel · 1 Knoblauchzehe
- 125 g Jasminreis · 50 g Sultaninen
- 3 EL Öl · ⅛ l Gemüsebrühe
- 1 Glas Curry-Kathmandu-Sauce (z. B. von ORYZA) · 150 g Crème fraîche

**1.** Den Blumenkohl putzen, waschen und in kleine Röschen zerteilen. Die Möhren schälen, waschen und längs vierteln. Den Brokkoli putzen, waschen und in Röschen schneiden. Die Ananas abgießen und würfeln, die Chilischote waschen, entkernen und in feine Ringe schneiden. Die Zwiebel und den Knoblauch schälen und fein würfeln.

**2.** Den Reis nach Packungsanleitung, aber zusammen mit den Sultaninen kochen.

**3.** Inzwischen das Öl in einer Pfanne erhitzen, die Zwiebel-, Chili- und Knoblauchwürfel darin anschwitzen. Die Möhren zugeben und kurz mitdünsten. Mit der Brühe ablöschen und 3 Min. dünsten lassen. Den Blumenkohl und Brokkoli zufügen und weitere 7 Min. dünsten.

**4.** Die Curry-Kathmandu-Sauce zum Gemüse geben, einmal aufkochen lassen und mit der Crème fraîche verfeinern. Den Jasminreis und das Blumenkohlcurry auf 2 vorgewärmten Tellern anrichten und servieren.

Tipp: Dieses Gericht ist auch mit anderen Fischsorten und/oder Garnelen sehr lecker. Mit 1 Msp. grüner Thai-Curry-Paste schmeckt es intensiver.

# Rosa-rot: Lachs

## Gericht No. 11

Delikat • Dauer: ca. 30 Min.

### Lachsragout mit Zwiebeln

- 300 g Lachsfilet (entgrätet) · 1 Bund Frühlingszwiebeln · 1 Knoblauchzehe
- 125 g Basmatireis · 2 EL Öl · 2 EL Sojasauce
- 125 g Sahne · 1 EL Sesamöl · 1 EL trockener Sherry · 1 TL Zucker · 1 Glas Mango-Thai-Sauce (z. B. von ORYZA)
- abgeriebene Schale von ½ unbehandelten Zitrone

**1.** Das Lachsfilet waschen, trockentupfen und in 2 cm große Würfel schneiden. Die Frühlingszwiebeln putzen, waschen und in grobe Stücke schneiden. Den Knoblauch schälen und in feine Würfel schneiden.
**2.** Den Reis nach Packungsanleitung zubereiten. Inzwischen das Öl in einer Pfanne erhitzen. Das Lachsfilet zusammen mit dem Knoblauch von allen Seiten knusprig anbraten. Die Frühlingszwiebeln zufügen, kurz mitbraten, herausnehmen und warm stellen.
**3.** Die Sojasauce, Sahne, das Sesamöl, den Sherry und Zucker in die Pfanne gießen und kurz aufkochen. Die Mango-Thai-Sauce dazugießen und einmal kurz aufkochen lassen. Den Fisch und das Gemüse zu der Sauce geben.
**4.** Den Reis mit der Zitronenschale vermengen. Alles auf 2 vorgewärmten Tellern anrichten und sofort servieren.

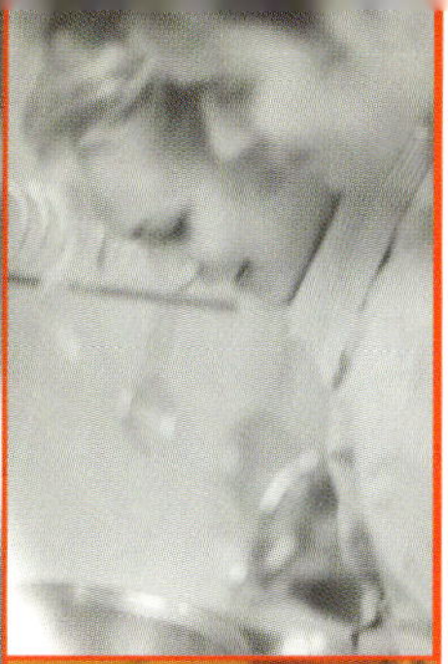
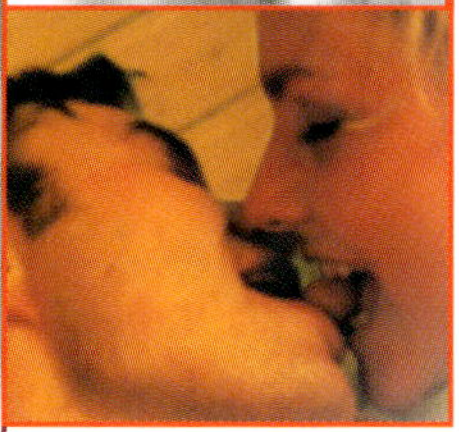
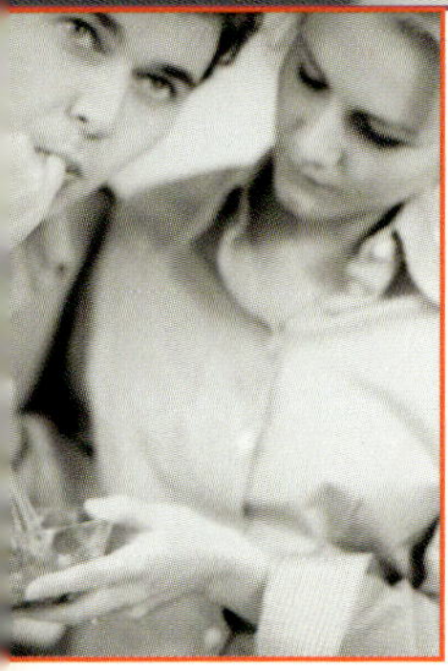

Kribbeln
im Bauch:

# Einsteiger-
# Menüs

Kulinarisches für
frisch Verliebte.

Für frisch Verliebte sind diese schnellen, leichten 2-Gänge-Menüs ideal. Sie machen satt, aber nicht träge!

# So, liebe Kandidatin/ lieber Kandidat, womit möchtest du nun dein Herzblatt verführen …

**… mit Menü No. 1,**
den italienischen Dauerbrennern Mozzarella Caprese und Saltimbocca alla romana, deren Versuchung man einfach nicht widerstehen kann?

**… mit Menü No. 2,**
den charmanten „Amerikanern“ Maissuppe und Garnelenspieße, die verheißungsvoll zart und anregend scharf zugleich sind?

**… mit Menü No. 3,**
dem frischen warmen Spargel-Rucola-Salat und den Himbeeren in Gelee, nach denen sich jeder verzehrt?

**… mit Menü No. 4,**
dem feurig-scharfen Mango Chutney mit Fisch und den feurigen Melonenspießen, die ein zweifaches Feuerwerk entfachen?

**… mit Menü No. 5,**
den italienischen Früchtchen Tomaten-Mozzarella-Crostini und Geflügelleber mit Balsamicokirschen, die harmlos beginnend später raffinierte Höchstleistungen vollbringen?

**… mit Menü No. 6,**
der orientalischen gelben Paprikasuppe und dem würzigen Lammragout, den märchenhaften Zauberern?

**… mit Menü No. 7,**
dem saftig-frischen Rote-Bete-Salat und dem Schweinefilet mit Zucchini, die behutsam und vertraut die Lust wecken?

**… mit Menü No. 8,**
dem mexikanisch-kräftigen Kokossüppchen und den Tortillas mit Rindfleisch-Füllung, die durch ihre zart-erfrischende Art eine unerwartete Hitze entfachen?

# Aphrodisische Tipps

Nicht nur die Liebe geht durch den Magen, auch die Lust. Hier nun einige Zutaten aus den nachfolgenden Rezepten, die ihre Wirkung nicht verfehlen:

**Basilikum** enthält ätherische Öle, Gerbstoffe und Vitamine. Der Genuss soll erotisierend wirken.

**Mais** symbolisiert in Südamerika Fruchtbarkeit. Er ist Sonnenkost und Sonne ist Kraft.

**Rucola** (Rauke) wurde von einem griechischen Arzt als ein Kraut bezeichnet, dass roh und in großen Mengen genossen, die Fleischeslust anregt.

**Mangos** gelten als die Könige der Früchte. Die exotischen Früchte sollen Männern auf die Sprünge helfen.

**Kirschen,** prall, rot und saftig, bekommen durch ihr paarweises Auftreten eine neue Bedeutung.

**Kardamom** wird im Orient Paradiessamen genannt. Seine ätherischen Öle wirken stimulierend und wärmend.

**Zimt** wird schon von alters her als Aphrodisiakum benutzt. Sein Duft verbreitet eine emotionale und erotische Wärme.

**Äpfel** sind die Früchte der Verführung schlechthin.

**Kokosnuss** wird in Indien als Aphrodisiakum geschätzt.

Tipp: Ideal passen hierzu Bruschetta oder Knoblauchbutter-Baguettes aus dem Ofen. Besonders schön: Zu Herzchen ausgestochen.

# Schön mild: Mozzarella

## Menü No. 1: Vorspeise

Schnell • Dauer: ca. 10 Min.

### Mozzarella Caprese

■ 2 große Tomaten · 125 g Mozzarella (z. B. Galbani Santa Lucia Mozzarella Maxi)

■ 1 EL Olivenöl · 1 EL Zitronensaft · Salz · grob gemahlener schwarzer Pfeffer · ¼ Bund Basilikum

**1.** Die Tomaten waschen und die Stielansätze entfernen. Den Mozzarella gut abtropfen lassen. Den Mozzarella und die Tomaten in nicht zu dünne Scheiben schneiden. Die Tomaten- und Mozzarellascheiben abwechselnd schuppenförmig auf 2 Tellern anrichten.

**2.** Das Olivenöl nach und nach mit dem Zitronensaft verrühren, mit Salz würzen. Das Caprese damit beträufeln und mit dem grob gemahlenen Pfeffer bestreuen.

**3.** Das Basilikum waschen, trockentupfen und die Blätter vorsichtig von den Stielen zupfen. Das Caprese mit einigen Basilikumblättern garniert servieren.

Tipp: Dieser italienische „Klassiker“ schmeckt auch mit Puten- oder Hähnchenschnitzel prima!

# Leicht bedeckt: Kalb

## Menü No. 1: Hauptgang

Würzig • Dauer: ca. 25 Min.

### Saltimbocca alla romana

- 4 sehr dünne Kalbsschnitzel (je ca. 80 g) · 4 frische Salbeiblätter · 4 hauchdünne Scheiben Parmaschinken
- 1 EL Olivenöl · 1 TL Butter
- 2 EL trockener Weißwein · etwas Zitronensaft · 6 EL Kalbsfond (Glas) · Salz · weißer Pfeffer

**1.** Die Schnitzel waschen, trockentupfen und mit einem Plattiereisen (ohne Noppen) gut flach klopfen. Den Salbei waschen. Jedes Schnitzel mit 1 Schinkenscheibe und 1 Salbeiblatt belegen, den Schinken eventuell mit einem Holzspießchen feststecken.

**2.** Das Öl und die Butter in einer großen Pfanne erhitzen und die Schnitzel darin portionsweise in 3–4 Min. von beiden Seiten braten. Die fertigen Schnitzel aus der Pfanne nehmen und zugedeckt warm halten.

**3.** Den Bratensatz mit dem Weißwein unter Rühren ablöschen. Den Zitronensaft und Kalbsfond dazugeben und die Sauce auf ein Drittel einkochen lassen. Die Sauce mit Salz und weißem Pfeffer würzig abschmecken.

**4.** Jeweils 2 Saltimbocca auf einem vorgewärmten Teller anrichten und mit etwas Sauce beträufeln.

Tipp: Vorsicht! Ingwer macht nicht nur scharf, er ist es auch. Wasche dir nach der Verarbeitung sofort die Hände: Ingwer brennt höllisch in den Augen!

# Zart-würzig: Mais

## Menü No. 2: Vorspeise

Herzhaft • Dauer: ca. 30 Min.

### Maissuppe

- 1 kleines Stück Ingwerwurzel (ca. 1 cm lang) · 1 Knoblauchzehe · 200 g Zucchini · 1 kleine, rote Chilischote
- 1 TL Öl · ½ l Hühnerbrühe · 2 EL Limettensaft
- 1 Stiel Zitronengras · 150 g Maiskölbchen (Glas)
- 50 g vorgekochte Shrimps ohne Schale (frisch oder TK) · 1 EL Fischsauce · 1–2 Zweige Koriander

**1.** Den Ingwer und die Knoblauchzehe schälen und fein hacken. Die Zucchini waschen, den Stielansatz entfernen und in etwa 3 cm lange Stäbchen schneiden. Die Chilischote waschen, längs halbieren, entkernen und fein hacken.

**2.** Das Öl in einem großen Topf erhitzen und den Ingwer und Knoblauch darin kurz anbraten. Mit der Brühe und 1 EL Limettensaft ablöschen.

**3.** Das Zitronengras waschen und 3–4-mal knicken. Die Maiskölbchen abtropfen lassen, mit Zitronengras, dem restlichen Limettensaft, der Zucchini und Chili in die Brühe geben. Etwa 5 Min. zugedeckt köcheln lassen.

**4.** Das Zitronengras aus der Suppe nehmen, die Shrimps und Fischsauce hinzufügen. Die Suppe in 2 vorgewärmte Schalen geben. Den Koriander waschen, trockentupfen, die Blättchen von den Stielen zupfen und die Suppe damit bestreuen.

Tipp: Ergänzend zu diesem Gericht passen bestens Glasnudeln oder Basmatireis.

# Eng verbunden: Garnelen

## Menü No. 2: Hauptgang

Exotisch • Dauer: ca. 45 Min.

### Garnelenspieße

- 4 große Tiefseegarnelen · Salz · schwarzer Pfeffer · Saft von ½ Limette · Tabascosauce
- 1 Schalotte · ½ keine, rote Chilischote · 1 kleine grüne Paprikaschote
- 3 EL Butter · 1–2 TL brauner Zucker · 50 ml Tomatensaft
- 50 g frische, reife Ananas

**1.** Die Garnelen aus der Schale brechen, mit einem scharfen Küchenmesser der Länge nach halbieren und die Darmfäden entfernen. Die Garnelenhälften waschen, trockentupfen, salzen, pfeffern, mit dem Limettensaft und etwas Tabasco beträufeln. Je 2 Garnelenhälften auf einen Spieß stecken.
**2.** Die Schalotte schälen und fein hacken. Die Chilischote waschen, entkernen, fein würfeln. Die Paprika waschen, vierteln, entkernen und in grobe Würfel schneiden.
**3.** Nun 2 EL der Butter in einer Pfanne erhitzen. Die Garnelenspieße darin auf jeder Seite etwa 2 Min. braten und herausnehmen. Die restliche Butter zum Bratensatz geben und die Schalotte und den Chili darin andünsten. Die Paprika hinzufügen und nach 1 Min. den Zucker darüber streuen. Sobald der Zucker aufgelöst ist, den Tomatensaft zugießen.
**4.** Die Sauce mit Salz, Pfeffer und einigen Spritzern Tabascosauce abschmecken. Die Ananas schälen, den Strunk entfernen, die Ananas in feine Streifen schneiden und in die Sauce rühren. Je 2 Garnelenspieße auf 1 vorgewärmten Teller geben und mit der Sauce überziehen.

Tipp: Statt Rucola passen auch Feldsalat oder frische Spinatblätter. Radieschen können durch Cocktailtomaten ersetzt werden.

# Warm verzehrt: Spargel

## Menü No. 3: Hauptgang

Ausgefallen • Dauer: ca. 30 Min.

### Warmer Spargel-Rucola-Salat

- 500 g Spargel · ¼ l kaltes Wasser
- Salz · 1 Prise Zucker · 2 Eier
- 75 g Rucola (Rauke) · ½ Bund Radieschen · ½ Beutel Klare Kräutersauce „französische Art“ (z. B. von Knorr) · 3 EL Maiskeimöl (z. B. Mazola) · ½ TL Honig

**1.** Den Spargel waschen, schälen, die Enden abschneiden und in mundgerechte Stücke schneiden. Die Schalen und Abschnitte in das Wasser geben, aufkochen und im geschlossenen Topf bei schwacher Hitze etwa 10 Min. kochen.

**2.** Das Spargelwasser durch ein Sieb gießen und aufkochen. Die Spargelstücke mit Salz und dem Zucker ins Spargelwasser geben. Den Spargel, je nach Dicke der Stangen, in 10–15 Min. bissfest garen. Inzwischen die Eier weich kochen, abschrecken, pellen und warm halten. Den Spargel von der Kochstelle nehmen, abgießen, dabei das Spargelwasser auffangen und etwas abkühlen lassen.

**3.** Den Rucola waschen und klein schneiden. Die Radieschen waschen und würfeln. Die Kräutersauce mit 6 EL Spargelwasser, dem Öl und Honig verrühren.

**4.** Den Spargel mit der Sauce mischen. Wenn der Spargel nur noch lauwarm ist, den Rucola und die Radieschen unterheben und mit den Eiern auf 2 Tellern anrichten.

Tipp: Natürlich passen auch andere Beerensorten sehr gut, oder verwende einfach eine TK-Beerenmischung.

# Rot-schimmernd: Himbeeren

## Menü No. 3: Dessert

Süß • Dauer: ca. 15 Min.

### Himbeeren in Gelee

- 350 g TK-Himbeeren · 1 Päckchen Götterspeise Himbeergeschmack · 150 ml trockener Weißwein

**1.** Die Himbeeren auftauen lassen. Die Götterspeise nach Packungsanleitung zubereiten, jedoch 150 ml Wasser durch den Wein ersetzen. Die Himbeeren in die heiße Götterspeise geben.

**2.** Die Götterspeise und Himbeeren in hitzebeständige Formen (z. B. Tassen) gießen und die Götterspeise im Kühlschrank in etwa 5 Std. fest werden lassen.

**3.** Vor dem Servieren die Formen kurz in heißes Wasser tauchen, die Götterspeise vorsichtig vom Rand lösen (am besten mit einem kleinen Messer oder mit den Fingern) und aus den Formen auf Dessertteller stürzen.

Tipp: Für dieses Gericht kann auch Fischfilet einer beliebigen Sorte verwendet werden.

# Scharf angemacht: Dorade

## Menü No. 4: Hauptgericht

Pikant • Dauer: ca. 1 Std.

### Dorade mit Mango-Chutney

- 1 Mango · 125 g Ananas (Dose) · ½ rote Paprikaschote · ½ rote Chilischote · 1 Stück Ingwerwurzel (1 cm)
- 40 g Rosinen · 75 ml Obstessig · ½ TL Salz · 80 g Zucker
- 1 Zwiebel · ½ Knoblauchzehe · 4 TL Limettensaft · ¼ TL Senfkörner · 90 g Curry-Kathmandu-Sauce (z. B. von ORYZA)
- 2 küchenfertige Doraden · grober, bunter Pfeffer · 1 EL Öl

**1.** Die Mango waschen, schälen und den Kern entfernen. Die Ananas abtropfen lassen. Die Paprika- und die Chilischote waschen und entkernen. Den Ingwer schälen. Alles fein würfeln.

**2.** Die gewürfelten Zutaten mit den Rosinen vermengen, mit Essig, Salz und Zucker vermischen und über Nacht zugedeckt ziehen lassen.

**3.** Die Zwiebel und den Knoblauch schälen und würfeln. Zwiebel, Knoblauch, die Hälfte des Limettensafts, Senfkörner und Curry-Kathmandu-Sauce zu dem eingelegten Obst und Gemüse geben und ½ Std.dicklich einkochen.

**4.** Inzwischen die Doraden abspülen und trockentupfen. Die Fische von beiden Seiten mehrfach schräg einschneiden, mit dem restlichen Limettensaft beträufeln, mit Salz und Pfeffer würzen. Das Öl in einer Pfanne erhitzen und die Doraden von beiden Seiten 10–15 Min. braten. Beim Wenden vorsichtig sein.

**5.** Die Fische auf 2 vorgewärmte Teller legen und zusammen mit dem Mango-Chutney servieren.

Tipp: Variiere dieses Dessert mit anderen Obstsorten der Saison.

# Feuer & Flamme: Melone

## Menü No. 4: Dessert

Festlich • Dauer: ca. 20 Min.

### Feurige Melonenspieße

- ½ Netz-Melone · ¼ Wassermelone · ½ Honigmelone
- 1 Orange (unbehandelt) · 2 EL Butter · 1–2 TL brauner Zucker · 2 EL Grand Marnier (Orangenlikör) · 1 EL weißer Rum

**1.** Die Melonen entkernen und mit einem Kugelaussstecher das Melonenfleisch ausstechen. Jeweils 1 Kugel einer jeden Melonensorte auf Holzspießchen stecken und auf 2 Schalen oder Teller legen.

**2.** Die Orange heiß abwaschen und abtrocknen. Die Orangenschale fein abreiben und den Saft auspressen.

**3.** Orangenschale und -saft, Butter und Zucker in eine kleine Pfanne geben. Unter Rühren so lange erwärmen, bis Butter und Zucker geschmolzen sind. Den Grand Marnier und Rum dazugeben und kurz erwärmen.

**4.** Die Sauce über die Früchtespieße gießen und das Dessert sofort servieren. Am Tisch die Sauce mit einem langen Streichholz anzünden.

Tipp: Noch „italienischer“ schmeckt’s mit Ciabatta-Brot.

# Zart & saftig: Tomaten

## Menü No. 5: Vorspeise

Fleischlos • Dauer: ca. 30 Min.

### Tomaten-Crostini

- 1 große, reife Tomate · 125 g Mozzarella · 5 grüne Oliven
- 2 Scheiben Bauern- oder Toastbrot · 1–2 EL Margarine mit Olivenöl (z. B. Olio Dante Margarine) · getrockneter Oregano
- Salz · weißer Pfeffer · 2 EL Olivenöl (z. B. Olio Dante)

**1.** Die Tomate waschen, halbieren, die Stielansätze entfernen, die Kernchen herausschaben und das Fruchtfleisch in Streifen schneiden. Den Mozzarella in 8 Scheiben schneiden. Die Oliven in dünne Scheiben schneiden.

**2.** Den Backofen auf 180 °C vorheizen. Die Brote antoasten, halbieren, gleichmäßig mit der Margarine bestreichen und dem Oregano bestreuen.

**3.** Jede Brothälfte mit 2 Scheiben Mozzarella, Tomatenstreifen und Olivenscheiben belegen, mit Oregano bestreuen, mit Salzen und Pfeffer würzen.

Die Brote auf ein mit Olivenöl bestrichenes Backblech legen und auf mittlerer Schiene 10–15 Min. überbacken. Die Crostini auf ein Holzbrett oder einen Teller legen und noch heiß servieren.

Tipp: Falls keine frischen Kirschen zu bekommen sind, kannst du auch eingeweckte nehmen, zum Beispiel gezuckerte Schattenmorellen.

# Süß & sauer: Kirschen

## Menü No. 5: Hauptgang

Edel • Dauer: ca. 45 Min.

### Geflügelleber mit Balsamicokirschen

- 125 g dunkle Herzkirschen · 1 EL Zucker · 1 EL roter Portwein
- 125 ml Kirschsaft · 10 g eiskalte Butter · 1–2 EL Balsamessig
- 125 g Geflügelleber · ½ TL Salz · weißer Pfeffer · ½ EL Mehl
- Öl zum Braten

**1.** Die Kirschen waschen, entstielen, halbieren und entsteinen. Den Zucker in einer Kasserolle karamellisieren, mit dem Portwein ablöschen und etwas einkochen lassen.

**2.** Den Kirschsaft zufügen und die Flüssigkeit auf die Hälfte einkochen. Die Butter in Stückchen einrühren und anschließend den Balsamessig hinzufügen.

**3.** Die Leber waschen, trockentupfen, von allen Häuten und Adern befreien, in 2 Scheiben schneiden, mit Salz und Pfeffer würzen und rundum mit dem Mehl bestäuben. Das Mehl etwas andrücken. Den Backofen auf 180 °C vorheizen.

**4.** In einer ofenfesten Pfanne das Öl erhitzen. Die Leber im heißen Öl auf einer Seite Farbe annehmen lassen, umdrehen und mitsamt der Pfanne in den Backofen stellen. Den Ofen ausschalten und die Leber bei geöffneter Tür 2–3 Min. durchziehen lassen.

**5.** Die Kirschen im Balsamicofond nur kurz durchschwenken, sodass sie nicht zu heiß werden. Sofort auf 2 vorgewärmten Tellern verteilen und die gebratene Geflügelleber darauf anrichten.

Tipp: Statt Prosecco kannst du auch einen trockenen Weißwein verwenden.

# Kaum wiederzuerkennen: Paprika

## Menü No. 6: Vorspeise

Pfiffig • Dauer: ca. 30 Min.

### Gelbe Paprikasuppe

■ 300 g gelbe Paprikaschoten · ½ kleine, rote Chilischote · ½ Zwiebel · 1 Knoblauchzehe

■ 1–2 EL Butter · 1 EL Zucker · 50 ml Prosecco · ¼ TL Kurkuma · 125 ml Gemüse- oder Hühnerbrühe · 50 g Sahne

■ 1 EL g Crème fraîche · Salz · schwarzer Pfeffer · Cayennepfeffer

**1.** Die Paprika- und Chilischoten waschen, trockentupfen und entkernen. Die Paprikaschoten in kleine Stücke, die Chilischote in kleine Würfel schneiden. Die Zwiebel und den Knoblauch schälen und fein würfeln.
**2.** Die Butter heiß schäumend erhitzen. Zwiebel-, Knoblauch-, Chili- und Paprikastücke hinzufügen und unter Rühren etwa 5 Min. dünsten. Den Zucker hineinstreuen und unter Rühren auflösen. Das Ganze mit Prosecco ablöschen, mit Kurkuma bestäuben, mit Brühe und Sahne aufgießen und aufkochen.
**3.** Die Paprikasuppe pürieren, durch einen Sieb passieren und nochmals erhitzen.
**4.** Die Crème fraîche in die Suppe einrühren und die Suppe mit Salz, Pfeffer und Cayennepfeffer abschmecken. In 2 vorgewärmten Schalen servieren.

Tipp: Köstlich auch als Beilage anstelle von Couscous: Kräuterkartoffeln mit Lavendel, Rosmarin, Thymian und einigen Kerbelblättchen.

# Zart-fleischig: Lamm

## Menü No. 6: Hauptgericht

Orientalisch • Dauer: ca. 2 Std.

### Würziges Lammragout

- 400 g Lammfleisch (Keule) · 75 g Schalotten · 1–2 Knoblauchzehen · 150 g junge Möhren · ½ Bund Frühlingszwiebeln
- 2 EL Olivenöl · 4 Kardamomkapseln · ½ Zimtstange · ½ Sternanis · 1 TL zerstoßene Korianderkörner
- 75 g getrocknete Aprikosen · 250 ml Lammfond (Glas) · 1–2 TL Essig-Essenz (z. B. von Surig) · 150 g Couscous · 2 Korianderzweige

**1.** Das Lammfleisch waschen, trockentupfen und würfeln. Die Schalotten und den Knoblauch schälen und fein würfeln. Die Möhren waschen, schälen, die Frühlingszwiebeln putzen und waschen, beides in Stücke schneiden.

**2.** Das Öl in einem Schmortopf erhitzen. Das Fleisch portionsweise darin anbraten und herausnehmen. Die Schalotten und den Knoblauch im Bratfett glasig dünsten. Die Kardamomsamen aus den Kapseln lösen und mit der Zimtstange, dem Sternanis und Koriander unterrühren und kurz anschmoren.

**3.** Das Fleisch und die Aprikosen zu den Zwiebeln und Gewürzen geben und mit dem Fond ablöschen. Den Essig zufügen und ca. 70 Min. köcheln lassen. Inzwischen den Couscous nach Packungsanweisung zubereiten.

**4.** Nach 1 Std. die Möhren und kurz vor Ende der Garzeit die Frühlingszwiebeln zufügen. Fertig schmoren und das Ragout noch einmal kräftig abschmecken.

**5.** Das Ragout auf 2 vorgewärmte Teller geben, mit den Korianderblättchen verzieren und mit dem Couscous servieren.

Tipp: Rosa Grapefruit statt Apfel verwenden. Vorsicht: Rote Beten haben stark färbendes Fruchtfleisch. Statt Gummihandschuhe einen Gerfrierbeutel nehmen.

Rot & saftig:

# Rote Bete

## Menü No. 7: Vorspeise

Pikant • Dauer: ca. 25 Min.

### Rote-Bete-Salat

- 300 g rohe Rote Beten · 1 kleiner, säuerlicher Apfel · 1 TL Zitronensaft
- 1 Stück frische Meerrettichwurzel (ca. 1 cm) · 1 EL Essig · 3 EL Öl · ½ EL mittelscharfer Senf · Salz · schwarzer Pfeffer
- 1 EL Pistazienkerne

**1.** Die Roten Beten schälen und fein raspeln. Den Apfel waschen, vom Kerngehäuse befreien, in feine Spalten schneiden und sofort mit dem Zitronensaft beträufeln.

**2.** Den Meerrettich schälen, fein reiben und zusammen mit dem Essig, Öl und Senf in einer Schale gut verrühren. Mit etwas Salz und Pfeffer würzen.

**3.** Die Roten Beten und Apfelscheiben in die Sauce geben. Alles gut miteinander vermengen und etwa 30 Min. ziehen lassen.

**4.** Danach den Salat nochmals kräftig abschmecken und auf 2 Tellern anrichten. Die Pistazien grob hacken, auf den Salat streuen und servieren.

Tipp: Je nach Saison kannst du die Zucchini gegen Schmorgurke austauschen.

# Zart-knusprig: Schwein

## Menü No. 7: Hauptgericht

Unkompliziert • Dauer: ca. 30 Min.

### Schweinefilet mit Zucchini

- 300 g Schweinefilet · 2 große Tomaten · 1 Zucchini · 1 Zwiebel · 1 Knoblauchzehe
- 2 EL Olivenöl · Salz · weißer Pfeffer
- 100 ml Rotwein · 125 g Wildreismischung
- 360 g La Provençale Sauce (z. B. von ORYZA) · ½ Bund Kerbel · 1 – 2 EL Butter

**1.** Das Schweinefilet waschen, trockentupfen und in dünne Scheiben schneiden. Die Tomaten einritzen, mit kochendem Wasser überbrühen, enthäuten, entkernen und das Fruchtfleisch in Spalten schneiden. Die Zucchini waschen, längs halbieren und in Scheiben schneiden. Die Zwiebel und Knoblauchzehe schälen und fein würfeln.

**2.** Das Öl in einer Pfanne erhitzen, das Fleisch darin knusprig anbraten und mit Salz und Pfeffer würzen. Das Fleisch aus der Pfanne nehmen und warm stellen.

**3.** Im restlichen Bratfett die Zucchini anbraten. Die Zwiebel- und Knoblauchwürfel dazugeben, kurz mitdünsten, mit dem Rotwein ablöschen und auf die Hälfte einkochen lassen. Inzwischen die Wildreismischung nach Packungsanweisung kochen.

**4.** Die Sauce zu den Zucchini gießen, einmal aufkochen und zum Schluss das Fleisch und die Tomatenspalten zufügen. Den Kerbel waschen, trockentupfen, grob hacken und mit der Butter unter den Reis ziehen. Alles auf 2 vorgewärmten Tellern anrichten und servieren.

Tipp: Frische Kokosnuss ist sehr gesund. Wenn du frische Kokosnuss raspelst, verwende die Milch der Frucht anstelle von Wasser.

# Gut versteckt: Kokosnuss

## Menü No. 8: Vorspeise

Cremig • Dauer: ca. 45 Min.

### Kokossüppchen

- 50 g Kokosnussraspeln · ¼ l kochendes Wasser · 150 g TK-Blattspinat
- 1 Zwiebel · 1 Knoblauchzehe · 1 kleine, grüne Chilischote · 1 EL Öl
- 400 ml Hühnerbrühe · Salz · 1 Msp. gemahlenes Piment · 1 Prise gemahlene Muskatnuss · schwarzer Pfeffer
- 1 – 2 EL Crème fraîche · 1 EL Schnittlauchröllchen

**1.** Die Kokosraspeln mit dem Wasser übergießen und etwa 15 Min. quellen lassen. Den Spinat auftauen lassen.

**2.** Inzwischen die Zwiebel und den Knoblauch schälen und fein würfeln. Die Chilischote waschen, halbieren, entkernen, die weißen Trennwände entfernen und fein würfeln. Die Zwiebel-, Knoblauch- und Chiliwürfel im heißen Öl andünsten. Die Kokosraspeln mit dem Wasser durch ein Sieb pressen und die Kokosmilch dabei auffangen.

**3.** Den Spinat grob hacken und zu den Zwiebeln geben. Das Ganze etwa 5 Min. dünsten lassen. Die Brühe und Kokosmilch dazugeben. Die Suppe mit Salz, Piment, Muskat und Pfeffer würzen und etwa 15 Min. köcheln lassen.

**4.** Die Suppe mit einem Pürierstab pürieren und in 2 vorgewärmte Schalen geben. Die Crème fraîche in die Suppe geben und mit dem Schnittlauch bestreut servieren.

Tipp: Günstiger wird dieses Gericht, wenn du Schweinefilet oder Hähnchenbrustfilet verwendest.

# Locker eingewickelt: Rind

## Menü No. 8: Hauptgang

Mexikanisch • Dauer: ca. 1 Std.

### Tortillas mit Rindfleisch-Füllung

- 2 Knoblauchzehen · 125 ml Bier (Pils) · 150 ml Olivenöl · 1½ EL Rotweinessig · Salz · schwarzer Pfeffer · ½ TL Pimentkörner · ½ TL Korianderblätter · 400 g Rinderfilet

- 1 rote Paprikaschote · 1 Zwiebel · 2 EL Öl

- 4 Maistortillas (Fertigprodukt) · 2 EL Salsa verde · 2 –3 EL Crème fraîche · Tomatensalsa

**1.** Den Knoblauch schälen, fein würfeln und mit dem Bier, Olivenöl, Essig, Salz, Pfeffer, Piment und den Korianderblättern verrühren. Das Fleisch waschen, trockentupfen und mit einer Gabel mehrmals leicht einstechen. Das Rinderfilet in die Marinade geben und zugedeckt über Nacht im Kühlschrank durchziehen lassen.

**2.** Am nächsten Tag die Paprika waschen, halbieren, entkernen und in feine Streifen schneiden. Die Zwiebel schälen, in feine Ringe schneiden und mit 1 EL von dem Öl anbraten. Die Paprikastreifen hinzufügen und alles etwa 5 Min. braten. Den Backofen auf 180 °C vorheizen.

**3.** Das Fleisch aus der Marinade nehmen. Das Rinderfilet in dem restlichen Öl von allen Seiten scharf anbraten, danach noch etwa 5 Min. bei geringer Hitze weiterbraten. In dünne Streifen schneiden.

**4.** Die Tortillas in ein feuchtes Tuch wickeln und etwa 10 Min. im Backofen aufwärmen. Mit der Salsa verde bestreichen, die Crème fraîche darauf verteilen, das Gemüse und Fleisch darauf geben und zum Schluss nach Belieben mit der Tomatensalsa würzen. Die Tortillas zusammenrollen, auf 2 vorgewärmte Teller legen und servieren.

Genießen
in trauter
Zweisamkeit:

# Raffinierte Diners

Wir feiern
unseren
Jahrestag.

Diese 3-Gänge-Menüs brauchen etwas mehr Zeit. Für eine gemütliche Feier zu zweit goldrichtig.

Herzblatt

# So, liebe Kandidatin/ lieber Kandidat, womit möchtet ihr euch gegenseitig verwöhnen ...

So, liebe Kandidatin/ lieber Kandidat, womit möchtet ihr euch gegenseitig verwöhnen ...

**... mit Menü No. 1,**
der extravaganten Artischocke mit Vinaigrette, den unvergleichlichen gefüllten Calamares und den unwiderstehlichen Früchten im Schokoladenmantel, die euch in eine aufregend-prickelnde Atmosphäre versetzen, so dass ihr nicht mehr nur eure Jahrestage feiern wollt?

**... mit Menü No. 2,**
den aufregend-asiatischen Bananen-Schinken-Mützen, der maritimen Fisch-Papilotte und dem fruchtig-frischen Obstsalat, die euch ins Schlemmer-Paradies führen und nicht einmal verborgene Wünsche offen lassen?

**... mit Menü No. 3,**
den anheimelnden gefüllten Kartoffeln, dem kräftigen Rinderbraten mit Gemüse und dem feinen Quark mit Nüssen, die euch ohne großes Aufsehen den Kopf verdrehen, dass ihr euch hemmungslos dem Genuss hingebt?

# Aphrodisische Tipps

Mit diesen Menüs verzauberst du dein Herzblatt wie am ersten Tag. Die folgenden Zutaten in den nachfolgenden Gerichten helfen dir dabei:

**Artischocken** zählen zu den Spitzenreitern unter den Aphrodisiaka. Man sagt, dass dieses Gemüse das Blut in Wallung bringt.

**Petersilie** wurde den römischen Gladiatoren verabreicht, um sie bei Kräften zu halten. Im Mittelalter wurde es auch Liebestränken beigemischt. Das ätherische Öl Apiol ist für die sexuelle Stimulierung verantwortlich.

**Erdbeeren** gelten durch ihre Herzform und rote Farbe als erotische Früchte. Duften die Erdbeeren, sind sie noch wirkungsvoller.

**Schokolade** enthält einen psychoaktiven Stoff, der die Stimmung hebt und glücklich macht. In Verbindung mit anderen Stimulantien, z. B. Kaffee, verstärkt sich die Wirkung noch.

**Bananen** sehen nicht nur erotisch aus, auch das Essen einer Banane ist erotisch. In Sri Lanka glaubt man, nicht der Apfel, sondern die Banane sei die Verführungsfrucht im Paradies.

**Korianderblätter und -samen** gelten ebenfalls als Aphrodisiakum. Die Blätter sind stimulierend und verleihen Kraft, die Samen haben ein wärmendes und würziges Aroma.

**Honig** wird in allen Kulturen als Aphrodisiakum geschätzt. Er soll eine magische Substanz enthalten, die einen positiven Einfluss auf die Fruchtbarkeit der Frau und die Potenz des Mannes ausübt. Zusätzlich gilt er als Verjüngungsmittel.

Tipp: Damit die Artischocke nicht braun wird: Sofort die Schnittfläche mit einer Zitronenhälfte abreiben. Mediterran wird die Vinaigrette mit fein gehackten Kapern und Oliven.

# Sanfte Stacheln: Artischocke

## Menü No. 1: Vorspeise

Mediterran • Dauer: ca. 1 Std.

### Artischocken mit Vinaigrette

- Salz · 3 – 4 EL Weißweinessig · 1 Artischocke
- ¼ Bund Petersilie · ¼ Bund Schnittlauch · 2 frische Blätter Basilikum · 1 Msp. gerebelter Kerbel · 5 EL Olivenöl · ½ TL mittelscharfer Senf · Salz · weißer Pfeffer
- Petersilie

**1.** Etwa ½ l Salzwasser mit 2 EL Weinessig in einen hohen Topf geben und aufkochen lassen. Inzwischen die Artischocke waschen, die äußeren, holzigen Blätter großzügig abzupfen und den unteren Strunk abschneiden.

**2.** Sobald das Salzwasser kocht, die Artischocke aufrecht in den Topf stellen. Sie soll dabei nicht ganz mit Wasser bedeckt sein. Die Artischocke zugedeckt bei starker Hitze etwa 30 Min. garen.

**3.** Inzwischen die frischen Kräuter waschen, trockentupfen und fein hacken. Den restlichen Essig mit dem Öl und Senf verrühren, die gehackten Kräuter mit dem Kerbel unter die Sauce mischen und mit Salz und Pfeffer abschmecken.

**4.** Die Petersilie waschen und trockentupfen. Die Artischocke mit der Petersilie auf 2 vorgewärmten Tellern anrichten. Die Vinaigrette separat servieren.

Tipp: Bei einem Fachhändler bekommst du die Calamares auch küchenfertig vorbereitet.

# Prall gefüllt: Calamares

## Menü No. 1: Hauptgang

Edel • Dauer: ca. 1 ½ Std.

### Gefüllte Calamares

- 2 Schalotten · 2 mittelgroße Tomaten
- 4 frische, kleine Calamares (Tintenfische, ersatzweise TK-Ware) · Salz
- 5 EL Olivenöl · schwarzer Pfeffer
- 200 g milder Schafskäse · ½ Bund Dill · 2 Zweige Oregano
- 50 ml trockener Weißwein

**1.** Die Schalotten schälen und hacken. Die Tomaten einritzen, mit heißem Wasser überbrühen, abschrecken, enthäuten, entkernen und zerkleinern.

**2.** Die Calamares waschen, häuten und salzen. Die Augen entfernen. Arme und Flossen abtrennen, klein schneiden und waschen. Die Beutel innen putzen und waschen.

**3.** Die Hälfte von dem Öl erhitzen und die Calamaresstücke mit den Schalotten darin etwa 5 Min. anbraten. Die Tomaten unterrühren, pfeffern und 5 Min. bei mittlerer Temperatur dünsten, dann vom Herd nehmen.

**4.** Den Backofen auf 200 °C vorheizen. Die Kräuter waschen, trockentupfen, die Oreganoblättchen abzupfen, beides hacken. Den Käse zerbröckeln und mit dem Dill unter die Tintenfischmischung heben. Die Calamaresbeutel mit der Mischung füllen, mit Küchengarn zunähen und in eine Auflaufform legen.

**5.** Den Weißwein mit dem restlichen Öl und Oregano verquirlen, über die Calamares gießen und auf der mittleren Schiene im Ofen etwa 45 Min. backen, die Calamares dabei einmal wenden. Auf 2 vorgewärmten Tellern anrichten und servieren.

Tipp: Stecke die Früchte auf kleine Holzspieße. Nach dem Eintauchen in die Schokolade kannst du die Früchte zusätzlich in Kokosraspeln oder gehackten Mandeln wälzen.

# Zart-schmelzend: Schokolade

## Menü No. 1: Dessert

Leicht • Dauer: ca. 15 Min.

### Schokofrüchte

- Je 4 – 5 Erdbeeren, Kirschen, grüne, kernlose Weintrauben und Physalis
- 200 g Zartbitterkuvertüre · 1 EL Kokosfett

**1.** Erdbeeren, Kirschen und Trauben waschen und gut trockentupfen. Die Blätter der Physalis leicht nach außen biegen. Die Weintrauben so zerschneiden, dass 3 – 5 Trauben zusammenhängen.
**2.** Die Kuvertüre mit dem Kokosfett im warmen Wasserbad langsam schmelzen. Dabei die Schokolade öfter umrühren.
**3.** Die Früchte etwa bis zur Hälfte darin eintauchen, gut abtropfen lassen, auf ein Stück Backpapier legen und fest werden lassen.
**4.** Die Früchte auf 2 Dessertschalen anrichten und servieren.

Tipp: Das schmeckt auch mit gekochtem Schinken oder Lachsschinken lecker.

# Herzhaft ummantelt: Bananen

## Menü No. 2: Vorspeise

Dekorativ • Dauer: ca. 20 Min.

### Bananen-Schinken-Mützen

- ½ Zweig frischer Rosmarin · weißer Pfeffer · Kräutersalz · 1 Prise Muskatnuss · 75 ml Milch · 250 g Doppelrahmfrischkäse
- 150 roher, luftgetrockneter Schinken in großen Scheiben · 1 mittelgroße Banane
- ½ Bund Schnittlauch

**1.** Den Rosmarin waschen, trockentupfen, die Nadeln vom Stiel zupfen, fein hacken und mit dem Pfeffer, Kräutersalz, Muskat und der Milch unter den Frischkäse rühren.

**2.** Die Schinkenscheiben ausbreiten und die Creme mit zwei Löffeln walnussgroß in die Mitte des Schinkens geben.

**3.** Die Bananen schälen, in 1 cm große Stücke schneiden und je 1 Stück neben die Creme auf den Schinken setzen.

**4.** Die Schinkenenden zusammennehmen, vorsichtig über der Bananencreme zusammendrehen, mit einem langen Schnittlauchstängel zubinden und auf 2 Tellern angerichtet servieren.

Herzblatt

Tipp: Fisch ist leicht verdaulich und belastet so wenig den Magen. Ideal für ein „Dinner for two".

# Heiß verpackt: Rotbarsch

## Menü No. 2: Hauptgang

Asiatisch • Dauer: ca. 45 Min.

### Fisch-Papilotte

- 400 g Rotbarsch · 180 g Mango-Thai-Sauce (z. B. von ORYZA) · 2 cl Reiswein · abgeriebene Schale und Saft ½ unbehandelten Limette
- 1 Stange Lauch · ½ Knoblauchzehe · ½ Bund frischer Koriander · 100 g Wildreismischung
- Salz · weißer Pfeffer · 40 g Butter

**1.** Den Rotbarsch waschen, trockentupfen und in mundgerechte Stücke schneiden. Die Fischstücke mit der Mango-Thai-Sauce, dem Reiswein, Limettenschale und -saft in einer Schüssel vorsichtig vermengen und mehrere Stunden zugedeckt marinieren.

**2.** Den Lauch putzen, waschen und in feine Streifen schneiden. Den Knoblauch schälen und in feine Würfel schneiden. Den Koriander waschen, trockentupfen und grob hacken. Die Wildreismischung nach Packungsanweisung zubereiten. Den Backofen auf 200 °C vorheizen.

**3.** Aus Backpapier zwei 30 x 40 cm große Rechtecke schneiden. Die Lauchstreifen jeweils auf die Mitte des Papiers geben, den Fisch mit der Marinade darauf geben, mit den Knoblauchwürfeln bestreuen und mit Salz und Pfeffer würzen. Die Butter in Flöckchen darüber verteilen und mit dem Koriander bestreuen.

**4.** Das Papier zu einem dichten Packet zusammenfalten, auf ein Backblech legen und auf der mittleren Schiene im Ofen ca. 15–20 Min. garen. Den Fisch noch in dem Papier auf 2 vorgewärmte Teller legen und servieren.

Tipp: Einfacher und ebenso lecker: 100 g Quark und 100 g Frischkäse mischen und mit 1 TL Zucker oder etwas Honig süßen und 1 EL Kokosraspel unterheben.

# Süß bekleckst: Obst

## Menü No. 2: Dessert

Fruchtig • Dauer: ca. 30 Min.

### Obstsalat mit Kokoscreme

- 1 EL Stärke · 200 ml ungesüßte Kokosmilch · 2 EL Zucker · 1 Päckchen Vanillinzucker
- 1 kleine Mango · ½ Baby-Ananas · 4 Litschis · 1 Karambole
- 75 ml Wasser · Saft von ½ Limette

**1.** Die Stärke, Kokosmilch, 1 EL von dem Zucker und den Vanillinzucker in einen Topf geben, unter Rühren 3 Min. köcheln und dann abkühlen lassen.
**2.** Die Mango schälen, das Fruchtfleisch vom Stein schneiden und in Scheiben schneiden. Die Ananas halbieren und den harten Strunk entfernen. Die Litschis schälen. Die Karambole waschen und in dünne Scheiben schneiden. Die Früchte in eine Schüssel legen.
**3.** Das Wasser, den restlichen Zucker und Limettensaft aufkochen. Den Sirup über die Früchte gießen und das Ganze etwa 30 Min. marinieren.
**4.** Den Fruchtsalat auf 2 Tellern dekorativ anrichten und die Kokoscreme in Klecksen darauf verteilen.

Tipp: Nicht nur lecker, sondern auch was fürs Auge: Ein Wachtelspiegelei als „Topping".

# Weich gekocht: Kartoffeln

## Menü No. 3: Vorspeise

Einfach • Dauer: ca. 1 Std.

### Gefüllte Kartoffeln mit Spinat

■ 2 große, mehlig kochende Kartoffeln (je 200 g) · 200 ml Wasser

■ 300 g TK-Blattspinat · 50 g Gouda

2 EL Crème fraîche · geriebene Muskatnuss · weißer Pfeffer · Salz

**1.** Die Kartoffeln sorgfältig bürsten, mit dem Wasser in einen Topf geben und bei schwacher Hitze 40 bis 45 Min. kochen lassen.

**2.** Inzwischen den gefrorenen Spinat in einem Topf bei mittlerer Hitze auftauen lassen. Dabei den Spinat ab und zu wenden. Den Spinat klein schneiden und abtropfen lassen. Den Käse in feine Würfel schneiden.

**3.** Den Backofen auf 180 °C vorheizen. Die Kartoffeln der Länge nach halbieren und mit einem Löffel so aushöhlen, dass nur ein dünner Rand zurückbleibt. Die ausgekratzte Kartoffelmasse mit einer Gabel zerdrücken, die Crème fraîche, den Käse und Spinat unterrühren. Mit Muskat, Pfeffer und Salz würzen.

**4.** Die Kartoffeln mit der Masse füllen auf ein Backblech setzen und 15 Min. auf mittlerer Schiene überbacken.

**5.** Zum Servieren 2 kleinere, vorgewärmte Teller jeweils auf einen größeren setzen und die Kartoffeln darauf servieren.

Tipp: „Leichter“ wird dieses Gericht mit von jeder Seite 2 Min. gebratenen Lammkoteletts, die mit dem Gemüse serviert werden.

# Kräftig gewickelt: Lamm

## Menü No. 3: Hauptgang

Pikant • Dauer: ca. 1½ Std.

### Gefüllte Lammkeule

- 500 g Lammkeule (Knochen auslösen lassen) · 1 Knoblauchzehe · je ½ Bund Petersilie und Thymian · 4 EL Olivenöl · 50 g Schafskäse · Salz · weißer Pfeffer
- je 1 Aubergine, Zucchini und Tomate · 2 Zwiebeln
- 1 EL Butterschmalz · Kräuter der Provençe
- je 100 ml trockener Weißwein und Tomatensaft

**1.** Das Fleisch waschen und trockentupfen. Den Knoblauch schälen und hacken. Die Kräuter waschen, trockentupfen, einige Stiele für die Garnitur beiseite legen, die restlichen grob hacken. Knoblauch, Kräuter und Olivenöl pürieren. Den Schafskäse fein würfeln und mit der Kräuterfarce mischen. Mit Salz und Pfeffer würzen.

**2.** Den Backofen auf 200 °C vorheizen. Die Kräuterfarce auf die Mitte der Keule geben. Die Keule fest aufrollen, mit Holzspießchen feststecken, mit Küchengarn umwickeln und in die Fettpfanne des Ofens legen. Die Keule auf unterer Schiene 30–45 Min. braten.

**3.** Inzwischen das Gemüse waschen, putzen und in grobe Stücke schneiden. Die Zwiebeln schälen und achteln.

**4.** Den Braten mit heißem Butterschmalz übergießen. Das Gemüse mit auf die Fettpfanne geben. Mit Salz, Pfeffer und Kräutern würzen und weitere 15 Min. braten.

**5.** Den Braten mit Wein ablöschen und anschließend mit Tomatensaft begießen. Noch ca. 15 Min. schmoren, auf eine vorgewärmte Platte geben, in Scheiben schneiden und mit dem Bratenfond begießen. Das Gemüse dazulegen. Mit frischen Kräutern garniert servieren.

Tipp: Als sinnliche Beigabe kratze das Mark einer halben Vanilleschote aus und hebe es unter die Sahne.

# Süß & frisch: Quark

## Menü No. 3: Dessert

Sahnig • Dauer: ca. 15 Min.

### Quark mit Honig und Nüssen

- 100 g Sahne · 10 g Walnüsse
- 3 EL Honig · 250 g Magerquark
- 10 g Pistazien

**1.** Die Sahne steif schlagen und kalt stellen. Die Walnüsse grob hacken.

**2.** Den Honig in der Mikrowelle oder in einem kleinen Topf bei milder Hitze etwa 1 Min. anwärmen, damit er flüssiger wird. Den Quark in eine Rührschüssel geben und den Honig unter ständigem Rühren einfließen lassen.

**3.** Die Nüsse und Pistazien unter den Quark mischen und die Schlagsahne locker unterziehen.

**4.** Die Quarkspeise in 2 Champagner- oder Dessertschalen geben und gleich servieren.

# Rezept-verzeichnis

# Tipps zu den Rezepten

## Portionsangaben

Alle Rezepte sind für 2 Personen berechnet.

## Zubereitungszeiten

Sie beinhalten sowohl die Vorbereitungszeit als auch die Gar- und Backzeit. Längere Sonderzeiten, z. B. für das Gehen, Quellen oder Ruhen, müssen noch hinzu gerechnet werden.

## Backofentemperaturen

Sie beziehen sich auf einen Elektroofen mit Ober- und Unterhitze. Beim Backen mit Umluft die Temperatur um 20 °C reduzieren. Die Backzeit bleibt gleich.

## Zutatenmengen

Sie beziehen sich auf die ungeputzte Rohwahre. Sind Stückzahlen angegeben, wird von einem Stück mittlerer Größe ausgegangen.

## Abkürzungen

TL = Teelöffel
EL = Esslöffel
Msp. = Messerspitze
l = Liter
ml = Milliliter
cl = Zentiliter (1 cl = 1 EL)
g = Gramm
cm = Zentimeter
TK- = Tiefkühl-...
Min. = Minute(n)
Std. = Stunde(n)
°C = Grad Celsius